눈꺼풀 사이로 빠져나가는 저녁처럼

장서영 시집

문학의전당 시인선
365

눈꺼풀 사이로 빠져나가는 저녁처럼

장서영 시집

문학의전당

시인의 말

그리워하지 말자.
아파하지 말자. 더 이상 견디지 말자.

이제, 내 인생을 살 일만 남았다.

2023년 8월
장서영

차례 시인의 말

제1부

오른쪽 미술관　13
옥탑방 안타레스　14
벚꽃 크레바스　16
트리플A형의 연애학개론　18
청년 M은 1+1을 좋아해　20
다락방 달팽이　21
그리운 모든 것은 바닥에 눕는다　22
지문 연대기　24
하늘소와 B612　26
노란 분노　28
골목 우화(寓話)　29
1309호에는 코끼리가 산다　30
겨우살이　32
동거　34
골목 사용설명서　35

모사 36
물살에 뼈를 묻다 38
K 살롱 40

제2부

정전 43
새들이 사라진 봄 44
19금 詩의 세계 46
궤적 48
뜨거운 충고 49
스콜플링 50
데칼코마니 52
거울 54
기침을 뼈에 묻는다 55
아름다운 뻔뻔 56

적도에서 온 버스　58
그녀를 고발합니다　60
그 끝에서 운다　62
벽장 속에 사는 남자　63
손님 구함　64
록산느의 탱고　66
꼬리뼈의 기원　68
싶다　70

제3부

붉은 지네　73
꽃 도둑　74
그 속은 어땠을까　76
쿵　78
수상한 눈물　80

돼지감자　81
자장면 먹으러 가요　82
아버지 난닝구에는 배추벌레가 산다　84
어제는 문 밖에서 잎맥의 숨을 읽었다　86
깨 터는 여자　88
신혼　89
자전의 내력　90
워낭 소리　92
슬픔은 방지턱이 없다　94
미안한 사람　96
시작(詩作)　98
사람을 보내고　100

해설 | 존재의 뒷면에 감추어진 수수께끼 같은 시　101
문신(시인·문학평론가)

제1부

오른쪽 미술관

다섯 시와 여섯 시 사이 오른쪽 뺨을 묻는다

저녁이 그리움을 몰아간다

기우는 쪽으로 고개를 돌리면 우거진 숲마다 그림자가 술렁거리고

여자는 물감이 마르기를 기다린다

마른 물감 위에는 또 하루가 덧칠될 것이다

월경도 매달 덧칠되는 초경이었을까

덧칠될 일 없는 몸이 자주 울고

어제까지의 삶에 흰색을 또 바르면

새로운 인생을 시작할 수도 있을 것 같다

그러므로 다섯 시에서 여섯 시까지를 붓의 일대기라고 하자

우리의 호흡을 붓질이라고 하자

다섯 시에서 여섯 시까지

노을은 해 지는 풍경을 덧칠하고 어둠은 한낮의 변명처럼 무거워진다

옥탑방 안타레스

비에 젖은 불빛이 기우는 골목
쓰러진 남자를 지나갈 수 없어 가방에 넣었다

옥탑방이 입을 벌리고
벽이 된 새빨간 제라늄이 눕는다
간신히 얹어진 옥탑방으로
바람과 별을 불러들였다
여섯 개의 줄을 뜯거나 발끝을 모으면
여드름처럼 곪은 벽들은 가끔 회색 각질을 털어 물기를 날린다

정전된 밤 죽은 별들의 필라멘트를 감거나
이 별에서 저 별로 데려다주며 지난한 벌이를 하는 남자는
그곳을 벗어나기 위해
별에게 물을 주거나 창을 닦았다

별마다 붉은 전갈 이빨 자국이 남고
얼마나 더 많은 다리를 잘라내야 하는 것일까

벽에 뿌려진 붉은 제라늄이 꺾이던 날
곰팡이 핀 사랑도 허기진 털을 세운다

슬픔은 높은 곳에 집을 짓고
붉다

---

*안타레스: 전갈자리에서 가장 밝은 별. 반규칙 변광성으로, 밝기는 1등급이고, 지구에서의 거리는 약 500광년이다. 우리나라의 남쪽 하늘에서 가장 밝은 별이다.

벚꽃 크레바스

집 앞이라는 문자가 붉게 물들자
손에 땀이 나기 시작했다

그때 플라타너스 그늘과 그네는 지금도 흔들리고 있을까
계단을 내려오면서 지나간 숫자를 헤아렸다
토란잎과 방죽길이 현기증 나게 지나갔다
내 서랍 속에 살던 그 사람이
어떻게 낙타 발톱 같은 언덕으로 올라갔는지 나는 알지 못했다

어색한 시간을 삼키고 호수로 갔다
목으로 넘어간 숨이 돌아오지 않았던 거리만큼
걸었다, 마주 보는 게 어색해 나란히 앉았다
메아리를 먹어치운 호수가 출렁거리고
호수로 꺼져 들어가는 저녁놀이 창문에 걸터앉았다
그때서야 알았다, 잊은 적 없다는 말은
참으로 슬픈 언어였다

부르튼 꽃잎 자늑자늑 울대에 욱여넣는 울음의 깊이처럼
밤을 하얗게 켜놓은 벚꽃 행렬들
할 말을 만지작거리며
우리는 사월을 다시 고백해야 했다

트리플A형의 연애학개론

303호 트리플A는 아직 오지 않았다
지친 그늘이 코를 골고
수십 개의 눈들이 번득이더니 앙칼진 울음이 벽을 탄다
손을 뻗으면 닿을 것 같은 난간
비로소 말벌의 비행이 시작되었다
테라스 정수리에 세워진 건축물에 조금씩 금이 간다
트리플A와 늘 어중간했다
쿡쿡 찌르거나 눈빛이 닿았을 때 발톱을 드러내지 않았다
친절하거나 상냥했을 뿐
희미한 불빛이 트리플A의 손바닥에 땀처럼 맺힌다
달리지 않는다고 마음이 없었던 건 아니다
밀물과 썰물의 차이를 고르는 위험한 키질
다시 물길을 지우며 사라졌다 외치는
―네가 좋아
그 뻔뻔한 메아리가 몰려다닌다
그녀의 잔주름이 건조대에서 미역처럼 흐물거린다
기다리는 동안 바다는 여전히 얼굴을 바꿔
리트머스지같이 붉어지다 푸르러지고 돌아눕는다

고백하지 못한 노을이 초경을 치르던 그날처럼 쏟아진다
물기를 날리고 증발하지 못한 트리플A가 지평선으로 줄을 맞춘다
언제나 바라볼 수 있는 거리에서
비밀의 방을 준비한다
새들의 모스부호가 찍히고
트리플A와 나란히 구멍 뚫린 갯벌 위로 신발을 벗고 걷는다
트리플A 형은 멸종되지 않으려고 가끔 소주를 마시고
가끔 용감해진다

청년 M은 1+1을 좋아해

청년이 맥주 두 개를 꺼낸다
1+1 스티커를 붙인 바코드가 찍힌 뒤에도
여자의 손바닥에 멈춰 있다
계산대에 남겨진 맥주 하나가 기우뚱하다

편의점 밖에는 흰 눈이 청년의 덧니처럼 쌓이고
유리창 너머로 여자의 보조개가 업힌다

덧셈의 오류가 눈송이처럼 쌓인다
청년은 편의점에 들러 같은 걸 사고 다정한 말을 거스른다
뭉툭한 손으로 눌러 쓴 고백 위로 눈이 쌓인다

청년은 1+1을 좋아해

유리창을 사이에 두고 마주 볼 때
벌어진 입술 사이로
2도 아니고 0도 아닌 눈발이 날린다

다락방 달팽이

빗줄기가 굵어졌다가 가늘어진다

은목서 겨드랑이로 파고들자 빗방울이 굴러떨어졌다

마음을 누이고 입을 지우고 나란히 걸었다

혼자 있고 싶다던 말을 누가 복사했던 것일까

심장 뒤편 세 번째 갈비뼈에 음각으로 새겨 놓은 고백이 안테나를 세우고 전송을 서두른다

풀잎에 얹힌 빗물처럼 한 몸이 되겠다고 달라붙는 달팽이를 나는 이제 믿지 않는다

그 사이에 다락방 지붕에 북소리를 내며 비가 퍼붓는다

지난 고백은 혼자 새겨야 한다

그리운 모든 것은 바닥에 눕는다

바이칼의 푸른 눈을 가진 그녀와 기차를 탔다
차가운 숨결이 공중에 바스락거렸다
시베리아 어느 골목부터 달려왔는지 묻지 않았다
네 이름을 외우느라 종일 등고선이 되기도 했는데
언젠가 너를 좋아하지 않는다고, 비린내는 질색이라고 말했던 걸 기억한다
그 말이 두고두고 너를 찔러 가라앉혔던가

자작나무 울음이 바이칼의 깊이를 재는 동안 나는 줄담배만 피웠다
다시는 헤엄치지 않겠다는 다짐이었는지도 모를 일이다
체온을 덜어 바위에 숨을 보탰지만
작은 파이프에서 뿜어대는 숨이 버거워
무릎을 걷고 숨을 참았다

너의 본능은 쉼 없이 벽을 오르는 일
1억 1만 년 동안 바닥을 쓸어도 연못에는 알이 슬고
우리의 상처는 1억 년 전 무늬처럼

다시 알을 품어 종소리에 주름을 새겼다

네가 물 위에 떠올라 입술을 내밀 때
마지막 숨이었다는 것을 모른 척하면서
그때마다 그리운 모든 것들이
숨이 없어서 혀가 말린 줄도 모르는 네 울음처럼
까맣게 뒤집혀 등 뒤로 밀려났다

자작나무 아래 바이칼 그녀가 잠들기 시작했다

지문 연대기

스무 살 오월을 밴 심해 물고기였다
모서리 경계마다 아직 풀지 못한 짐들이 엎드린 채 멀미를 호소했다

냉장고에 붙어 있는 파리똥은 원래 무늬인 양 뻔뻔하다
이사할 때마다 새로 덧대는 빳빳한 상처는 모기약 스프레이로 잡아뗐다

낡은 서랍에 허물을 벗어낸 사진은 방부처리 없이도
페스츄리 같은 결을 간직했다

속없는 여자의 방엔 수척한 기록이 쌓이고
냉장고 칸마다 세월을 견딘 곰팡이가 오늘의 이사를 한 겹 더 덧댄다

메밀꽃처럼 자궁이 부풀어 오를 때마다 허공에 금이 가는 메아리
질기게 붙었던 그를 벗어내기로 한다

한 무더기 또 다른 네가 더 센 접착력을 입고 악착같이 달라붙고

배부른 냉장고 경첩 사이로 붉은 녹물이 흐른다

하늘소와 B612

 서쪽에서 동쪽으로 태양이 지나가는 길을 내는 일에 젊음을 쏟았다

 혼자 돌릴 수 있는 수레바퀴는 아니었다 이음새가 헐거웠으나 불규칙한 심장의 요동처럼 가슴에 돌멩이의 무게를 얹었다 도끼 같은 시간이 발등을 찍는 밤이면 그는 토끼 귀처럼 기울어진 자세로 잠들었다

 우렁찬 호기는 애당초 없었다 와이셔츠 깃처럼 그는 접히고 혀가 빳빳했다 삼키지 못한 웃음이 고이고, 고이는 것도 삼키는 것도 연습이 필요한 일이었다

 소파에서 바닥으로 미끄러진 오후, 그는 창백했다 불규칙한 압력은 그의 심장에 두드러기를 일으켰다 노을 같은 링거액이 캄캄해지는 동안 머릿속에서는 하늘소가 참나무 주름을 쪼갰다 운명의 도끼질 같은 맥박이 기도문의 막바지처럼 평온해졌다 전생에서도 기도한 적 없었던 그가 서툴게 손을 모았다

그토록 정직하게 쌓은 그의 일생은 어디에 축적되고 있는 걸까? 그는 이름 없는 별들을 호명하며 마흔네 번 해가 지는 것을 바라보았다

행성 B612를 삼킨 보아뱀 헛바닥에서 꽃잎이 피어났다

노란 분노

종이를 긁는 펜 소리가 귓바퀴를 파고들어요
얼굴은 직사각형의 화면에 숨어 보이지 않아요
낯선 혀들이 파랗게 종이 화분에 돋아나요
남자의 왼쪽에 가방이 입을 열어놓고 있어요
이 나라를 참을 수 없어 떠날 준비를 해요
— 청년들아, 분노하라
신문지 활자가 책상 위에서 나를 쳐다보아요
같은 면 지구 반대쪽에서 태극기가 눈물을 삼켜요
청년은 누구를 위해 분노해야 하는 걸까요
우리가 남겨야 할 문장에는 마침표가 없어요
그렇게 믿고 싶어요
얼굴 없는 남자가 노랗게 귀를 막아요
시침 없는 시계가 헐떡이며 분노를 다스려요

골목 우화(寓話)

 눈이 퍼붓는 기슭에서 여자는 배를 부둥켜안고 차게 울었다 세상의 안과 밖을 갈아 끼운 밤, 붉게 번지는 날 선 말이 쏟아지더니 눈은 멈추는 방법을 지웠다 허벅지의 핏줄처럼 돋아난 골목을 벗고 차마 울지도 못했다 빈방의 근육이 수축하고 갈비뼈가 휘어져 공명실이 넓어졌다 어둠을 벌려 아이를 꺼내고 다시는 울지 못하도록 물구나무선 벽에 못을 박았다 하룻밤에 한 뼘씩 갉아 알을 쌓는 방이었다 울지 못하는 슬픔 대신 알을 낳아 벽에 걸었다 기억을 잃은 뒤에도 달력에는 알 수 없는 빗금이 늘어갔다 울어 줄 새끼를 위해 녹슬어 가는 문장들이 골똘히 생각에 잠겼다 그렇게 통증이 시작되면 여자의 자궁은 마그마가 다녀간 구멍만 남았다 그 구멍에서 많은 벌레들이 우화(羽化)를 했다

1309호에는 코끼리가 산다

또 이사를 했다

허기만큼 녹슨 사다리를 타고 올라온 그가
다닥다닥한 골목을 내려다보며
오랑우탄처럼 호기를 부린다

그림자가 자라는 벽, 울음을 껴입은 곰팡이의 숨소리가
모서리마다 독촉고지서의 경고문처럼 나풀거린다

머리카락이 감긴 세면대에 차오른 물이
마지막 유언처럼 욕실 바닥으로 빠져나간다

높은 집에서 목이 늘어난 티셔츠처럼
청춘의 밤과 낮이 헐렁해진 여자는
눈감고 싶어도 도무지 감기지 않는 눈빛으로 털을 세운다

반쯤 덜어낸 심장에 새살이 돋고,
낡은 창문으로 보츠와나 노을보다 발그레한 노을만 글썽거

린다

  둥글게 파우더를 두드리지만 가릴 수 없는 서글픈 결로
  다시 사바나기후 계약 기간 만료일, 땅에 유배된 별을 주워 담는다

  도넛 같은 봄볕이 튀겨지면 오랜 이사를 떠나야 한다
  그의 쪽으로

겨우살이

 막차를 보낸 어둠과 어깨동무하고 묵은 수다에 취할 즈음 전화가 왔다
 눈꽃 보러 갈래?

 덕유산 상고대를 향해 핏기 없는 산행을 시작한다 한 걸음 내디디면 두 걸음 밀려오는 눈길, 얼음 위에서 마리오네트 같이 휘어진다 친구의 허리쯤 걸린 산꼭대기는 기어코 코를 훌쩍거리고, 상고대를 정말 볼 수 없다는 메아리만 눈보라처럼 날린다 친구는 무겁게 떨어지는 수은주에 다리를 접질리고,

 눈발이 흩날리고 푹푹 빠지는 눈 위에 나란히 누웠을 때 나무 꼭대기마다 푸른 왕관을 쓰고 있는 겨우살이를 보았다 어떻게 그 높은 곳에 둥지를 튼 걸까 모든 가지의 기운을 안으로 모으고 핼쑥한 가지를 품어 사람의 손길 닿지 않는 높은 거기, 올려 두었다 한겨울 눈 속에 먹이를 묵혀두고 높이 씨를 뿌려 서로를 살핀 거였나? 나무 위에 간신히 뿌리를 내리고 얼마나 가슴 졸였을까

얼마나 어지러웠을까
얼마나 무서웠을까

벼랑 끝에 서 있는 나와 같이

동거

   그가 은밀하게 내 몸을 핥았다 차마 밟고 지나갈 수 없어 먼 길을 돌아갈 때도 있고 가끔 용수철처럼 솟구치기도 한다 그는 단 한 번도 영역의 오류가 없는 뼈대 있는 족속이다 다만 깊은 밤 목이 칼칼해질 뿐이다 불면의 밤, 13층 아파트 벽을 타고 올라오는 암컷의 울음이 밤을 찢어놓을 때마다 나는 솜털을 뽑아버리기로 작정한 것처럼 발톱을 세워 긁어댄다 베개의 내장을 구름처럼 뽑아 방안 가득 풀어놓는다 그의 무게가 내 허리 고꾸라진 철사로 튕겨진다 그는 밤새 데굴데굴 구르다 나를 침대에 던져놓고 벽 속으로 사라져버린다

골목 사용설명서

 비가 골목으로 접혀 내리고 금이 간 유리창에 푸릇한 나뭇잎이 달라붙었다 골목의 지난한 기억이 입속으로 발소리를 내며 넘어간다 가로등 아래 비에 흠뻑 젖은 그가 흐물흐물 흘러내리고 꺼져가는 아이의 울음이 간헐적으로 커졌다 작아진다 골목은 오래전부터 누워 있고 빗방울은 가늘어지고 그녀는 어둠을 향해 그루밍을 시작한다 등나무 아래 빗방울이 허벅지를 주무르자 울대 안으로 미끄러지는 완벽한 몰락 휘감은 발가락에 힘줄이 돋는다 골목이 갸르릉거리고 블라우스 사이로 부푸는 혀의 리듬은 성성하다 그는 오른쪽 무게를 지우고 그녀는 왼쪽 무게를 비운다 날 것 같은 비릿한 입술이 타오르고 눈 감아도 환한 지문을 새긴다 모서리끼리 등을 맞대고 골목으로 들어간다 또각또각 구두 소리가 팔짱을 낀다

모사

성당 아래 살림을 차렸다
거미가 건설한 집
굴 속에서 산다
사금파리 같은
기억의 촉수를 부비며

모든 현을 끊었다
세상의 여진을 비집고 나오려는
악마의 손이라니,

모국어를 잃어간다
문득
뼈를 달구는
통증이 지진파를 누설해

침묵은 씹을수록 달지만
아프다

얼마나 더 구부러져야 더 구부러지지 못할까
거미가 시간을 베어 먹는다

너를 베끼지 못해 나를 버리는 일만으로도
거미는 원죄다

물살에 뼈를 묻다

수족관이 반짝거린다
바다를 가르는 동안 스스로 상처가 된 비늘
그 기억에 비치는 눈빛이 슬프다

물속으로 걸어 들어오는 그림자가 보인다
물고기는 죽을힘을 다해
눈을 감았다
캄캄하게 훤히 보이는 푸른 도마
날마다 심장을 난도질해대는 소리

물 위에 누웠다

평생 바다의 젖을 빨고
거침없이 나아가기만 하던 그 남자의 최후처럼
운명이 벗겨지는 일은
수면을 박차고 솟아오르는 찰나의 일

이제 물살을 저며 비늘을 달지 못하는

물고기, 아니 그 남자
비늘이 칼등에 씹혀 도마 위에 달라붙는다

저며진 속살이 생의 아가미를 따라
소금처럼 피어오르면
더는 바다 쪽으로 몸을 뒤집지 못하리라

물살에 **뼈**를 묻는 일만 남았다

K 살롱

기다림이 눅눅하다

며칠 입원한다는 여자의 문자를 받고 K 살롱으로 달려갔다 구불거리는 골목에 차를 끼워 넣었다 까만 의자마다 손님들이 깊숙이 틀어박혀 있다 얼마 만의 외출인가 들뜬 밤을 재촉해댄다 링거를 꽂은 여자는 거울 속에서 시간을 줍는다 자주 사라지기도 한다 낯선 얼굴이 거울 속에 웃음을 빠뜨린다 조금 더 젊어진다는 말쯤은 속아줄 수 있다 코발트 염색약을 바르는 동안 눈을 감고 뜨거운 숨을 빙그르르 말아 올린다 여자는 내일 입원한다 여자의 눈은 굴뚝처럼 깊다 여자의 애인은 창가에 앉아 핸드폰을 두드린다 그때마다 여자의 미소에 소름이 돋는다 바닥에 흩어진 머리카락이 유언 같다 감자 속살 같은 저녁 여자가 미용실 문을 나선다 계단을 다 내려섰는데도 눅눅한 바람은 죽지 않는다 마침내 K 살롱의 불이 꺼진다 흑단의 어둠이 무릎부터 조금씩 무너져 내린다

제2부

정전

늦은 밤 집에 돌아와
목젖을 훑으면
폐부에서부터 그을음이 묻어나왔다

너와의 합선이 남긴 상처였다

사랑, 그 무모함으로
나는 정전되었다

새들이 사라진 봄

두계천 물 위를 걷던 새들이 사라졌다

새들은 늘 다정한 거리에서
서로의 체온을 나누고 있었다
시린 얼음 조각들을 쉼 없이 걸러냈다
도도한 물그림자를 자맥질하며
체온의 깊이를 재는 것이었다

다정한 연출이 지겨워졌을까
수면 위에 고리를 만들어
새들이 스스로 원 안에 갇히는 것이었다
족쇄처럼 수면의 뒷면이 되고 싶었던 것이었다

깃들지 못하는 바람만
풀린 태엽을 감듯 수면을 맴돌았다
들고양이의 발톱이 소리 없이 수면을 잡아당기고 있었다

한 폭의 물 그림처럼

새들의 수면이 반짝거리는 심장 위로
어둠이 미끄러진다

그렇게 우리의 연애는 끝났다
낡은 벤치에 앉아 있던 하루가 수면 아래로 가라앉았다

19금 詩의 세계

이불 옆에 누운 詩가 태엽을 감는다

잠든 사이 나도 모르게
허벅지 위로 기어 나온 문자벌레가 19금을 펼친다
벗겨진 詩의 허물들이 침대가 휘어지도록 흩어져 있다

식은땀 흘린 얼굴에 환희가 피어오른다
하얗게 구부린 詩 한 줄이
겨드랑이에 구덩이를 파고 살아있음을 알린다

조금 더, 조금만 더
침대 밑에 떨어진 詩의 맛을 본다
싱겁다, 손가락으로 옆구리 찔러 기력을 수혈한다
방안 가득 밤꽃 향이 배인다

'나는 미쳤다'
'미쳐서 다행이다'

화냥기 있는 詩를 만나고 싶다
창자 끝에서 쓴물이 올라올 만큼
나의 순결은 이제 갖다 버려야 한다

궤적

가을 하늘에서
당신의 이름을 뺀다

나를 고이고 있던 돌멩이 하나를
힘껏 집어던진다

명치를 가르며
푸른 손이 머리카락을 쓰다듬고

당신의 푸르스름한 수염이
그 까끌까끌한 감촉이
오목한 가슴으로 굴절된다

너무 아파서
파랗게 뚫린 하늘로 송사리 떼 몰려간다

뜨거운 충고

펄펄 끓던 물이 내 몸을 덮쳤다.

참는 것에 익숙해진 세월이 서러웠다.

그립고 익숙한 것들이 오른쪽 날갯죽지를 쓰나미처럼 훑고 지나갔다.

아리고 쓰라린 물집이 구름처럼 생겼다.

부풀어 오른 자리에 터질 듯 고여 있는 슬픔

이건, 하나의 경고다.

그리워하지 말 것, 견디지 말 것, 아파하지 말 것

그래야 새살이 돋아날 것이라는 충고다.

스콜플링*

새로 산 살구색 플리츠 이불을 고양이에게 빼앗기고
여자는 침대 끝에 몸을 잔뜩 웅크린다

버릴 줄 모르는 여자를 버리는 게 아무렇지 않았던 남자가
짐짝같이 모래사막에 내려놓고 가버렸던 그때
여자는 전갈이 되었다

수컷의 부재를 독처럼 품고 모래언덕의 주름을 접으며
전갈의 스콜플링을 되뇐다

멸종되지 않기 위해 지켜야 한다는 그 아득한 무게가 여자의 가슴 위에 돋고
붉은 해가 여자의 사막으로 파고든다

등에서 아직도 내려오지 못한
새끼의 여린 관절이 꺾이고,
여자의 검은 등에 독촉고지서가 쌓여간다

회로를 벗어나고 싶다던 여자의 틈으로
치명적인 하울링이 시작된다

---

*스콜플링: 전갈(난태생) 새끼는 태어나자마자 어미의 등으로 기어 올라가며, 1~2회 탈피할 때까지 어미의 등에 붙어서 생활한다.

데칼코마니

자전거가 풀밭에 누워 뒤꿈치를 들었다

샛강에서 불어난 물살 위로
소년이 낚싯줄을 던진다
수면을 그으며 울컥거리는 말들이 가라앉는다

기억의 회로를 따라 거슬러 올라온 것뿐이리라

페달을 구르며 아버지의 수염을 생각하고
팽팽한 낚싯줄에 솟구치던 언어의 살점을 생각한다

루어가 소년을 잡아당기는 사이에도
물살은 하류를 향해 길을 만든다

심심해진 낚싯줄처럼
구름은 재미없고
그늘에 앉아 올려다본 나뭇잎만 물고기처럼 팽팽하다

그 물고기 떼를 쫓듯
자전거 바퀴가 치르륵치르륵 물살을 거슬러 간다

거울

하늘이 너무 맑아 깨뜨릴 뻔한 적이 있다

기침을 뼈에 묻는다

엑스레이를 찍었다
검은 뼈만 입은 채 나왔다
'폐는 깨끗합니다'
염증이 고름처럼 질겼다
더 이상 숨쉬기 싫다고 내게 항의하는 걸까
버리지 못한 욕심이
하냥 벌어진 입에서 새어 나온다
호스가 굴뚝으로 기어들어 가더니
끈적한 것들을 채워서
구겨진 표정으로 게워낸다
마스크로 얼굴을 가린 채 신선한
공기를 사려고 줄을 선다
끝도 없이 밀린 줄
진열대에는 몇 개의 숨이 깔딱거린다
일찍 줄을 설 일 없는 내일처럼
뼈를 덮친 물집을 죽음처럼 터트린다

아름다운 뻔뻔

사랑을 시작할 때면 나도 매끈한 대나무 같았다
뼈와 뼈 사이를 통과하는 통증이 잦아들 때
무참히 내 사랑을 찌르고 있었던 건 무딘 가시였다

아무도 잡아주지 않는 분노를 벼려
뾰족한 가시를 밀어 올렸고
자주 나를 찔렀다
꽃잎은 철없이 너그러워지는 날이 많았다

그 꽃잎 지키고 싶어 담장에 기대어 보고
울타리에 골똘히 턱을 고이기도 했다
전봇대를 칭칭 감아 목을 조르는 척도 했다
같이 죽자고,
같이 살자고,

그럼에도 너는 혼자 꽃을 피우는 날이 많았고
그다음 날이면 툭툭 떨어진 꽃잎마다
붉게 쪼개진 햇살이 죽음처럼 쏟아져 내렸다

그리운 쪽에서부터
치명적인 가시 하나가 생명처럼 돋고 있었다

적도에서 온 버스

버스가 주춤거릴 때마다 설익은 눈빛들이 지리멸렬하게 흔들린다

창백한 캐리어 모서리를 주무르는 여자의 무릎에 눈이 하얗게 쌓인다

성에 너머로 침보라소를 오르던 남자의 두 팔이 휙휙 버스를 지나가고 있다

얼굴 없는 버스 기사는 가야 할 거리만큼 계산된 손놀림으로 운전대를 돌린다

캐리어에 달라붙은 만년설 같은 남자의 환호가 의자 밑으로 흘러내리고

시체처럼 고요한 침잠

여자의 긴 눈썹에 고드름이 맺히고 안데스 고원의 서글픈

바람이 불어왔다

   파란발부비새 같은 아이가 여자의 겨드랑이로 숨는다

   버스에는 누군가 놓고 내린 쓸쓸한 기억만 덜컹거린다

   목적지를 읽지 못한 단말기가 하염없이 여자를 뱉어낸다

그녀를 고발합니다

콘크리트 같은 남자와 알 수 없는 위험한 경계를 건축한다
그림자를 태운 버스는 무게를 버리고
막 다리를 건너며 그 사람의 몸 위로 넘어진다
시누대 여린 울음 대파는 물빛을 밀고
간간이 덧니처럼 솟아오른 물살이 자지러지는
그리움의 결정체, 바다 303호
아침부터 매미는 무엇을 알리고 싶었던 걸까
단지 목 놓아 부를 노래가 아니라
그들의 모국어로 축대를 세우고 벽을 쌓고 지붕을 올리고 싶었는지도 모를
소금 언덕 위로 매미 울음이 튄다
침엽수의 속살을 생각했고 무게를 버리기로 했다
착한 여자는 나쁜 여자이기도 해서
매미는 미안하다고 울고
이 땅을 떠나겠다는 사람과 들어와 살겠다는 사람이
간간이 구름 속으로 사라지는 제1 여객터미널
그 사람이 내게로 눕는다
미역처럼 흐물거리는 고백

혀가 반쯤 접힌 그들의 모국어가 증발하지 못해
하얗게 말려 나오는 소금 문자
그녀를 고발합니다

이 별에서 이별을 위반했으므로

그 끝에서 운다

  누에같이 몸을 말았다

  숨을 묶고 싶은 탓이기도 하고 고립에 몸을 맡겨 제물이 되고 싶었는지 모른다 발코니 너머로 오일을 바른 누에의 근육이 드러난다 텅 빈 눈동자를 가진 여자가 말아 놓은 신문지처럼 구겨지더니 성당이 보이는 언덕 쪽으로 메아리를 던진다 유리의 무늬를 더듬으며 '빠지고 싶다 빠지고 싶다' 웅얼거린다 몇 개의 약봉지가 힘없이 턱을 괴고 책들은 다리를 벌린 채 들썩거린다 쿨럭일 때마다 가는 통증이 소파에 스민다

  그 끝에는 아무도 없었다

  오래된 책이 숲 몇 개를 집어삼켰는지, 얼마나 많은 구멍이 뚫렸는지, 얼마의 외면과 손때를 견뎠는지, 얼마나 속을 갉았는지, 차마 묻지 못했다

  실크의 무게를 재고 값을 매긴다 겨우 계단 밑에서 외우고 있던 이름을 꺼낸다 성당이 보이는 언덕에서 명주실을 토해 내며 여자가 집을 짓는다

벽장 속에 사는 남자

한 줄의 문장이 뱀처럼 기어 나와 벽 속으로 들어간다

보늬 잎 같은 숨소리가 날개를 펴고 어둠을 퍼먹더니
서툰 가위질로 귀를 자른다

귓속에 세상의 오류들이 신문지 활자처럼 박힌다
끊임없이 가식을 두른 비열한 아류들

물푸레나무가 빽빽하게 들어차 문을 찾을 수 없는 집

바깥세상에서 찾을 수 없는 나이테를 따라가며
시월과 사월 틈에 끼어둔 클로버 잎에
납작 엎드린 토끼 두 마리가 허리를 펴고 책을 덮는다

억압이 싫어 벽장 속에 사는 그 남자
푸른 별들이 몰락하는 새벽
자전하는 지구의 반대쪽에서 고립을 모의한다

손님 구함

다 어디로 간 것일까?
벨소리도 침묵한다
거리에는 이제 자벌레만 꼿꼿이 걸어 다닌다

움직임은 정해진 보도블록만 밟는다
백팩을 메거나 여행용 가방을 들고
영혼을 대여한 행인들 먼 행성으로 가려나 보다

맞은편 은행은 얼마나 많은 사람들의 피를 저당 잡았을까?
죄수처럼 어깨를 움츠리고 들어간다

통장은 입금에 인색하고 출금만 기억한다
다랑이논처럼 통장을 갈아엎는다
바닥을 드러낸 논바닥은 잔고 없음
맹렬한 기계음만 찍어댄다

카드가 이를 악문다
카드를 많이 긁어 잉크가 말라버리면

손님을 더 이상 구하지 않아도 된다
카드를 많이 긁어 더 이상 긁을 수 없어 막힐 때
누구는 옥상으로 올라갈지도 모른다

지불할 돈이 없는 사람들은
어쩌면 바코드 속에 집을 짓고 살아야 할지도 모른다

록산느의 탱고

여자의 눈에 고인 한 줌 멸치 떼
도마 위에 세운 두부모 같은 집
록산느의 탱고로 못질한 빈 케이지
과녁을 향한 화살은 빗소리를 잘게 자른다
귓바퀴 속에서 끊어진 숨을 붙잡고
살구나무 아래 묶인 여자의 하울링이 몸을 긁는다
집어삼킬 듯 거칠게 흔들리는 문고리
처마 등의 젖은 불빛을 겨우 견디다가
창문에 달라붙은 남자의 격렬한 숨을 먹어치운다
살구의 썩어가는 속살같이
간절하게 기도해도 들어주지 않는 일이 있다
그림자처럼 발을 뻗어야 한다
여자는 풀물 든 손으로 발톱을 뽑아내고
여름내 물랑루즈의 이슬을 벗기던 여자가
꼿꼿하게 땅바닥에 붙어 그늘을 퍼먹는다
발뒤꿈치에서 서늘하던 가을이
약속처럼 빗겨 가고 나면
울음은 방안까지 밀고 들어온다

울음 속엔 아무도 들어 있지 않다

―――――――
*록산느의 탱고: 영화 〈물랑루즈〉에 나온 영화음악.

꼬리뼈의 기원

서로의 무릎이 되기 위해 침묵을 견디는 밤

사냥을 즐겼던 고양이가
고등어 대신
여자의 팔꿈치를 핥으며 야생을 잊어간다

고양이는 여자를 마중하고
현관문이 열리면
복도로 뛰쳐나가 어슬렁거리다
초인종을 누른다

개는 고양이 밥을 먹고
고양이는 개밥을 먹고

고양이는 발톱 가는 일을 잊어가고
개는 짖는 일을 잊어간다

화장실에서 들려오는 여자의 목소리가

발톱을 세운다

여자의 접힌 꼬리뼈에 흰 눈이 쌓인다

싶다

어느 소박한 밥집에서 희고 가지런한 눈빛을 퍼주며 공깃밥처럼 부둥켜안은 밥이 되고 싶다

한 사람이 걸었을 밑줄 친 문장처럼 네모난 액자에 들어앉은 배경이 되고 싶다

노을 뒤편으로 달려가 미룬 고백 수줍게 흩날리는 미소가 되고 싶다

눈 내린 아침 댓돌 위에 다정하게 엎드린 고무신 두 짝이 되고 싶다

제3부

붉은 지네

 풀은 날마다 자랐다 아버지의 업보는 자식을 품고 평생 등에 짐을 지는 일, 아버지는 나무 아래 구덩이를 파고 아버지를 묻는다 비가 올 때마다 떨어지는 사과를 주우며 트럭에 실려 가던 소처럼 우짖던 아버지 약통을 짊어진 어깨에 붉은 지네 발자국이 찍힌다 나무의 이마를 짚어 아삭한 단내를 감지한 발들이 발자국을 지우고 일어선다 온몸으로 칼을 막고 하얗게 실을 뽑아 만든 씨방이 사각거리는 살들을 내어준다 구불구불 꼬리를 물고 아버지의 핏줄이 울퉁불퉁 말려 나온다

꽃 도둑

꽃다발이 트럭 등짝을 붙잡고 끌려가고 있었다

눈물 한 방울 머금지 않은 어둠이
뭉텅 누운 차창 밖에
입김 덮은 국화가 도로변에 웅크리고
밤이 늘어날 때마다 훔치고 싶었다

밤마다 국화를 훔쳐 가슴 온도에 맞추고 갔다

사타구니에서 국화 향이 스미기를 바라면서
내 어머니의 푹 꺼진 볼에 국화를 심고
짧게 머문 시간에 대한 면죄부를 받고 싶었나 보다

마당에는 젖을 물린 부처꽃이
엄마 평생 모질게 머리채를 잡았다

곧 얼어붙는 계절이 오면 엄마는
방바닥을 꾹꾹 밟으며 불면의 밤을 건디시리라

엄마의 심장을 뇌혈관을 가로막고 저울질한 순애보가 갈비뼈에 금속 울타리를 치고도 엄마의 무의식까지 종양처럼 번진다

밖에서 꺾어 온 꽃 한 송이 때문에
한 번도 피지 못한 엄마의 숨, 꽃
꽃을 훔친 건 유전이었다

잎 꽉 다문 국화를 훔치는 나는
꽃 도둑이다

그 속은 어땠을까

돋아난 힘줄이 뒤틀렸다
오래전 들숨이 가까스로 숨을 내쉬었다
눈을 뜨고 있는데
내장을 잡아 뽑아낼 때의 기분을 알 것 같았다

내가 한 마리 오징어라고 상상해보는 일은
어느 바다에 뼈를 묻고, 눈을 부릅뜨는 일이 아니라
발톱 뽑힌 빨판의 흡착을 견디는 일

칼을 치켜드는 일이 상상력의 일부라면
나는 눈을 똑바로 뜨고 대들 것이다
눈꺼풀 사이로 빠져나가는 저녁처럼
물컹대는 것들의 눈을 파버릴 것이다

먹물 같은 밤을 기다리는 동안
온몸을 던져 살아낸 얼굴에 먹물이 번지고

시집와서 오징어를 처음 봤다는 엄마처럼은 살지 않겠다고

다짐했다

   그 다짐을 잘근잘근 씹으며 바다가 끓는다

   바다는 속살에 묻은 잔뼈를 들어내 버릴 것처럼 밀리고 밀린다

   차마 감을 수 없는 눈
어머니의 바다가 뼈 없는 공중을 짚고 일어선다

보이지 않는 힘줄이 뒤틀린다
저렇게 몸부림으로 지키고 싶은 삶이 있을 것이다

쿵

아버지가 이사를 했다

마당에는
아버지가 캐다 심은 너도 샤프란이 목을 늘이고
엄마와 흔들 그네를 타는 아버지의 눈은 온통 분홍이 날린다
아버지가 좋아하는 담배와 커피가
은빛 스포츠카가 엑셀을 밟는다

납작한 유리의 방
아버지 얼굴을 하염없이 닦던 날
열어 놓은 중정으로 새가 떨어졌다

아버지의 마지막 눈물이 귓가를 타고 흘러내리듯
유리를 두드리며 지나가는 소리가
쿵 소리를 냈다

발목을 자르고 소리를 지우고 기어가

새에게 무릎을 꿇었다
아버지 숨이 손바닥에서 뜨거워졌다
얇은 숨이 가르랑거리고

바스락거리던 새가 손 우물을 벗어나 높이 날아갔다

수상한 눈물

　복사꽃이 피었고 분홍이 쓰러졌다. 세상을 버리기에 충분하다고 생각했다. 복숭아 벌레처럼

　오후를 접어 들고 나간 남자는 돌아오지 않았다. 한 몸이었다고 믿었던 발그레한 여자가 자꾸 구멍을 낸다.

　면도하지 않은 솜털, 복숭아의 붉디붉은 면을 비스듬히 기울이면 복숭아는 새색시처럼 수그린다. 풋눈처럼 새침하게 밀려난 여자가 뱉어버린 묵은 봄의 속살이 달다.

　벌레 많은 복숭아의 수상한 눈물이 더 달다.

돼지감자

　오롯한 밭을 차지하지 못했다, 거름 한번 받지 못해도 꽃을 피웠다

　바람의 솔깃한 꼬드김에 뻐근하도록 못생긴 알을 품었다

　척박한 아랫도리를 땅에 묻고 오래도록 땅 밑으로 기운을 몰았다

　돼지우리에 알몸으로 던져졌던 날에도 햇살 휘두르는 곳에 발을 뻗었다

　은밀하게 나눈 싹들이 각질을 털고 주둥이를 내밀 즈음 고개 들어 직립보행을 서둘렀다

　아무도 허락하지 않았던 땅에 더 많은 별을 훔쳐 묻는 일에 최선을 다했다

자장면 먹으러 가요

하얀 담배 구름을 타고 전화가 왔다

구부러진 보도블록 사이에 걸려 넘어진 다리를 두고
주름진 마음이 먼저 헐떡이며 도착했다
움푹 꺼진 언덕이 잠이 들었다
아버지의 얼굴에 부추꽃처럼 하얀 분이 날렸다

기어이 7월의 땡볕은 넘은들 논두렁에
아버지를 쓰러뜨렸다
아버지의 달팽이관으로 갈겨니 떼들이 몰려들어 갉아대더니
반쯤 접힌 지구가 넘어졌다

노란 봉지에서 아버지의 녹슨 눈물들이
잘근잘근 씹혀 잘록하게 떨어진다

아버지의 기억에 곰팡이가 피고
아버지의 오줌은 심장을 우린 듯 붉다

아버지 강은 이제 억압하고 고이기도 버겁다

기다란 줄들이 칭칭 똬리를 틀며 아버지 귓가에 속삭인다
아버지 놀러 가자
차 타는 걸 퍽 좋아했던 아버지는 자주 버스 타고 논산 장에 나오신다
개 사료도 사러 나오시고 돼지등뼈나 생선을 사오기도 하신다
아버지, 자장면 먹으러 가요, 라고 말해본다

아버지 난닝구에는 배추벌레가 산다

햇빛을 피해 숨어든 날개 밑 그늘
끈적한 소금 동굴에 쌀 한 되 마중물처럼 붓고
펌프질하면 한숨은 골짜기에 뱉어진다

아버지 난닝구에는 배추벌레가 산다

뽑아야 할 갑갑한 짓누름이 차오르면
그 낡은 하얀 실 가닥을 갉아대며
여섯 마리 아니 일곱 마리의 벌레들은
누렇게 너덜너덜한 비탈길을 오른다

아버지의 땀방울이 피워냈던 목화솜들이
누렇게 번질 때 철없는 자식들은 쉰내 나는
그 축축함에 눈을 흘기며 코를 막았다

논두렁에 박히듯 거꾸로 들러붙은 그림자도 가늘어졌다
유물 같은 지게에 징그럽게도 어둔 귀를 태우고
쓸쓸한 어둠 속에서 배춧잎처럼

구멍 숭숭 뚫린 아버지의 그림자가 걸어온다

누런 낯빛 축 늘어난 난닝구 겨드랑이가 애처롭다
오랜 세월 지독한 연민의 습기 머문
내 아버지의 고독한 골짜기
아버지 등에서 봄을 뽑는 아직 나는 애벌레다

어제는 문 밖에서 잎맥의 숨을 읽었다

갈매기가 물고 온 잎이 문 밖에서 웅웅거렸다
멀리서 고깃배가 닿은 것 같았다

소파에 30년째 앉아계신 아버지는
어두운 눈으로
'우리 딸 얼굴 잃어버리겠다'
어제 했던 말을 낙엽처럼 얇게 포개어 놓고

딸깍, 켜진 식탁 등 아래

깊이를 긋는 평행 맥
흐린 눈빛들이 수군거리기 시작한다

굽은 등으로 주저앉아 명이를 씻는 동안
엄마가 고양이 목덜미를 움켜쥔다
쓸쓸한 말들이 비명처럼 명이 잎 주름에 갇힌다
한 방울씩 떨어지던 수돗물이 오열하듯
시퍼렇게 자지러지는 틈과 틈 사이로

엄마는 스물두 살에서 멈춰버린 시간을 개켜 넣는다
간장을 끓여 부으며 검게 탄 속을 뒤집는 동안
명이는 숨을 죽이고
돌을 얹어 숨을 누르자
명이는 소금을 게우고

울컥, 이란 저렇듯 죽음을 토해내는 일

엄마의 그늘진 숨이
목 언저리를 겨냥한 갈매기처럼 집힐 때

얼굴 없는 아버지는 30년째 실종 중이다

깨 터는 여자

깻단 두드릴 때마다 초저녁 밑단은 혀를 내밀고 가을은 곪아 터진 종기처럼 부푼다 고름 뺀 자리 달라붙은 딱지가 벌어진 사타구니로 툭툭 알을 뱉는다 등이 둥글게 말린 여자가 여름을 두드려 비스듬히 뉘인다 햇살을 몽땅 먹어치우고도 시치미 떼는 구름들 말갛게 헹궈낸 푸른 뼈를 물고 잠자리가 날아간다 진청색의 물을 뺀 하늘에 거품이 인다 빨랫줄에 널리지 못한 빨래같이 깻단이 눕는다 노을을 개며 여자는 전화를 한다 오래전 죽어버리고 없는 번호를 누른다 '넌 그곳에서도 여전히 바쁘구나' 프라이팬에서 튀어 오르는 깨처럼 여자의 눈물이 뜨겁게 달궈진다

신혼

구멍 뚫린 천장에 별이 쏟아진 다락방, 부리로 박은 옷걸이에는 햇살 한 홉 코를 곤다

포플러 이파리 한 장 덮고 입덧이 심한 아내가 몸을 파닥이자, 지구가 흔들렸다

붙박이별들이 모여 사는 동네, 어떤 지상의 지도에도 우리를 위한 단칸방은 없었다

밟고 있는 땅이 자꾸 일어나 어지러웠다

자전의 내력

으르렁 울컥거렸다
물집처럼 부푼 등짝
집 안 가득 우렁찬 울음을 둥글린다
찢어진 살갗을 먹는 구름 솜은 뻐딱하다
모래 진물이 터져 엉겨 붙은 사지가
서로를 부둥켜안고 깍지를 낀다
악착같이 물어뜯는 허기
껍질의 야문 자맥질
바다를 우려낸 퉁퉁 불은 젖을 물린다
수평의 목젖을 찾느라 돈다
구른다, 벽에 머리를 찧는다
가래 끓는 아버지같이 윙윙 쌕쌕
뼈와 뼈가 부딪쳐 앙다문
빳빳한 청바지가 다시 목을 조른다
씨줄 날줄 고단한 바늘땀이 수분을 날리면
목이 컥 멘다
어린 거죽들이 아버지의 해진 품으로 파고든다
살아온 날들을 맑게 헹궈 습기를 짠다

7분을 설정한다
치열한 회오리가 바지를 걷어붙인다
엉덩이는 때리지 않아도 스스로
도는 길을 선택한다
여태 끊어내지 못한 탯줄을 자르면
빨랫줄에 거꾸로 매달려 이내 헛바닥을 떨군다

워낭 소리

좁은 트럭에 업혀 일군 땅을 어굼니로 지웁니다
소는 갈아 놓은 땅 한 평도 가질 수 없어요

선홍빛 살점을 내어줄 날 선 길
몇 개의 선분으로 그어진 모서리에
간신히 서서 힘을 되새길 뿐입니다

달개비 같았던 나는 오빠가 베어 온 풀을 자를 힘이 없었습니다
밀려났어요 잘 썰어진 여물처럼
쐐기 같은 동생은 바랭이같이
아금박스럽게 작두질을 했습니다

겁 많은 소가 외양간을 나갔어요
우린 소보다 더 커진 눈동자에 등을 켰지요
별만 만지작거린 채 돌아오지 못했어요
소만큼 아버지가 무서웠던 우리는
아침 이슬 성근 방울 소리를 끌고 마당으로 들어왔습니다

평생 아침을 깨워 소랑 논을 갈던 아버지
아득한 워낭 소리가 아버지의 달팽이관에 숨어듭니다
소처럼 일했던 아버지의 멍에가 논바닥처럼 갈라졌습니다

명아주처럼 푸른 아버지를 새김질합니다

슬픔은 방지턱이 없다

아버지는 며칠째 물 한 모금 삼키지 못했다
오늘도 무사히 넘길 수 있을까
횡격막에서 넘어오는 쳇소리가 울컥거리고
아버지의 전부가 드러나기 시작했다
죽어서도 내려놓지 못할
흙 흙 흙

아버지의 숨이 또 하루를 가늘게 쪼갠다
그 쓰디쓴 바람 한 점을 입에 넣고 걸어 잠그던
검게 그을린 등
해그림자에 젖어 돌아오지 않았을 때도
아버지 곁은 아무도 들이지 않아도 괜찮은 거라고 생각했다
그러자 한꺼번에 쏟아붓는 숨
아버지 손을 더 꼭 잡는다

아버지의 숨이 떨어지면
슬퍼할 간격마저 잘라내야 한다

아버지가 없어도 숨을 쉬고
아버지가 없어도 밥을 먹고
아버지가 없어도 커피를 마시고
아버지 없는 침대에 드러누워
미친 듯이 웃어보는 날들처럼
살구나무는 울음으로 뭉치고

가끔 아버지를 꺼내
방지턱 없는 슬픔처럼
울음을 삭히는 날이 있을 것이다

미안한 사람

나보다 나를 더 사랑하는 사람
내가 좋아하는 시를 위해 시집을 서성거리는 사람
나를 중심으로 자전할 거라 믿는 사람
배려가 지나쳐 오히려 투정 부리고 싶은 사람
내 시를 사랑하는 사람이 있습니다
백석이 못 되어줘서 미안하다는 사람이 있습니다

30년 전으로 돌아가 같은 책상을 쓰는,
내 친구가 되고 싶다던 사람
왜 이제 나타나게 된 거냐고 번뇌하는 사람
자그마한 커피집을 하고 싶다던 말들을 기억하고
매주 복권을 사는 사람
복권이 되면 그녀를 볼 수 없을 거라 했지만
다시 못 봐도 괜찮다며, 그런 슬픔이 있더라도
꼭 가게를 열었으면 좋겠다는 사람
그래서 텅 비었다는 사람
먼발치에서 사월의 달처럼 나를 지켜봐 주는 사람
착한 척하는 나보다 100배쯤 따듯한 사람

문득 그림자가 젖은 날
내가 살고 있는 아파트 앞을
차마 지나갈 수 없어 멀리 돌아갔다고 합니다
며칠을 가슴앓이하며 서성였다고 합니다
풋눈 뒤집어쓴 갈대를 세워두고
혼자 시들어 가는 오후처럼

시작(詩作)

양철지붕에 북소리를 재운 비가 내린다
글자가 바지를 걷고 벽을 걷는다

의자에 앉아 키보드를 새처럼 쪼아대면
손가락 끝에서 글자 꽃이 피어난다
음흉하고 비겁한 문자는 휴지통에 버려지기도 한다

시의 방에 들어가서 먼지로 문장을 짠다
오일 펴 바른 글 조각들을 만지작거리다
떨어뜨려 빗금에 갇히기도 한다
시를 베고 누워 문자 트림을 하기도 하고
죽은 문장들은 장례도 치르지 못한 채
변기에 내려지기도 한다

N의 촘촘한 그물에는 싱싱한
언어들이 펄떡거리며 솟구친다
살포시 글자의 솜털을 건드려
풋내 나는 문장이 발을 걸면

오르가슴을 느끼기도 한다

종이 사막에 시 몇 줄 올려놓고 퉁기면
어지러운 멀미처럼
골반을 열고 솜솜하게 기어 나오는 글자 벌레가
여름의 지문을 갉아댄다

사람을 보내고

오직 사람만 보였다

눈부시도록 어여쁜 사람을
까마득한 곳에 남겨두고
천근만근 무거웠다

사람을 깨우기 위해
간지럼을 태우던 손을 잃고
허공을 헤맨다

너무 특별해서

사슴의 눈망울처럼
마음은 더욱 깊어지리라

해설

존재의 뒷면에 감추어진 수수께끼 같은 시

문신(시인·문학평론가)

'뒷면'이라는 삶의 기원

장서영 시인의 시는 존재의 뒷면을 그려내는 데 성공하고 있다. 전면에 나설 수 없는 것, 전면이 될 수 없는 걸 시로 탄생시켜내는 것이다. 알다시피 뒷면은 쉽게 발견되지 않는다. 우리가 사물의 뒷면이라고 생각하는 부분은 시선에 노출되는 순간 전면으로 탈바꿈해버린다. 뒷면은 언제나 응시를 회피하면서 전면을 부각해낸다. 특히 자기의 뒷면이 그렇다. 우리의 시선은 우리의 등을 바라볼 수 없다. 신이 인간을 그렇게 만들었다고 한다면 그럴만한 신의 뜻이 있을 것이다. 인간 스스로 자기 등을 볼 수 없는 방향으로 진화해왔다고 믿는다면, 거기에도 나름의 이유가 있을 것이다. 나는 그것을 존재의 수수께

끼라고 부르고 싶다.

수수께끼는 존재가 우리에게 던진 물음이다. 그리고 존재 물음은 "반쯤 덜어낸 심장에 새살이 돋"(「1309호에는 코끼리가 산다」)는 것 같은 비극적 재생을 동반한다. 이때 비극적 재생은 존재의 뒷면에 주어진 운명 같은 이름이다. 존재의 뒷면은 언제나 자기를 소멸하거나 덜어내는 방식으로 존재의 전면을 형상화한다. 우리가 응시하는 세계는 이렇게 상실된 뒷면이 비극적으로 재생된 형식이다. 그래서 우리는 전면을 응시하지만, 시는 언제나 응시되지 않는 뒷면을 발견해낸다.

장서영 시인이 "목젖을 훑으면/폐부에서부터 그을음이 묻어나왔다"(「정전」)라고 한 건 비극적 재생의 훌륭한 사례가 된다. '그을음'은 한 생명이 격렬하게 살아 숨 쉬었다는 흔적에 해당하고, 존재는 그을음을 태우는 방식으로 삶이라는 존재를 입증해낸다. 장서영 시인은 스스로 살아 있음을 증명하기 위해 '목젖'을 더듬지만, 삶은 '그을음'의 형식으로 이미 소진된 상태다. 이렇게 삶이 소진되어버린 그을음에서 장서영 시인의 시가 태어난다.

    다섯 시와 여섯 시 사이 오른쪽 뺨을 묻는다
    저녁이 그리움을 몰아간다
    기우는 쪽으로 고개를 돌리면 우거진 숲마다 그림자가
  술렁거리고

여자는 물감이 마르기를 기다린다
마른 물감 위에는 또 하루가 덧칠될 것이다
월경도 매달 덧칠되는 초경이었을까
덧칠될 일 없는 몸이 자주 울고
어제까지의 삶에 흰색을 또 바르면
새로운 인생을 시작할 수도 있을 것 같다
그러므로 다섯 시에서 여섯 시까지를 붓의 일대기라고 하자
우리의 호흡을 붓질이라고 하자
다섯 시에서 여섯 시까지
노을은 해 지는 풍경을 덧칠하고 어둠은 한낮의 변명처럼 무거워진다

—「오른쪽 미술관」 전문

"새로운 인생"은 "어제까지의 삶에" "또 하루가 덧칠"되는 일이다. 이렇게 누적되는 걸 우리는 인생이라고 말한다. 기억이나 추억이 떠오르는 것도 마찬가지다. 덧칠되어 희미해진 그림이 문득 기억의 형식으로 등장할 때, 우리는 거기에도 나 자신이 존재한다는 사실을 깨닫는다. 그러니까 우리는 수백 겹의 자기로 존재하고, 앞으로 살아갈 날만큼이나 수천 겹의 자기를 준비하는 것이다. 무슨 말이냐면, 어제에는 어제의 내가 살고 있고, 오늘은 오늘의 내가 살고 있다는 뜻이다. 내

일에는 내일의 내가 살아갈 준비를 하고 있을 것이다. 이렇게 매일매일 나는 나를 살아 있게 한다. 이렇게 우리는 어제의 삶에 오늘의 '나'를 덧칠하면서 '새로운 인생'으로 갱신된다.

그러나 장서영 시인의 시는 덧칠된 전면에는 관심이 없는 듯 보인다. 대신 그는 덧칠의 뒷면으로 감추어진, 그래서 존재의 그을음이 되어버린 것으로부터 오늘을 살아갈 영감을 얻는다. 그럴 때 존재의 그을음이 되는 "낡은 서랍에 허물을 벗어낸 사진은 방부처리 없이도/페스츄리 같은 결을 간직"(「지문 연대기」)할 수 있다. 눈썰미 좋은 사람은 알아챘겠지만, '허물을 벗어낸 사진'은 덧칠의 뒷면으로 사라졌던 '어제까지의 삶'이 기억이나 추억의 형식으로 오늘에 소환되는 자기에 가깝다. 그 기억은 시간이 흘러도 그 순간을 살았던 존재의 '결'을 고스란히 간직한다. "기억을 잃은 뒤에도 달력에는 알 수 없는 빗금이 늘어"가듯 존재의 결은 "울어 줄 새끼를 위해 녹슬어 가는 문장들"(「골목 우화」)로 존재하는 것이다.

우리는 이 '문장들'이 장서영 시인의 시에서 '몸'의 형식으로 드러난다는 사실을 알고 있다. "심장 뒤편 세 번째 갈비뼈에 음각으로 새겨 놓은 고백"(「다락방 달팽이」), "숨이 없어서 혀가 말린 줄도 모르는 네 울음"(「그리운 모든 것은 바닥에 눕는다」), "저며진 속살이 생의 아가미를 따라/소금처럼 피어오르면"(「물살에 뼈를 묻다」) 같은 구절은 덧칠된 몸의 기억들이 어떻게 존재하는지를 선명하게 드러낸다. 그리하여 몸의 기억들은 삶이라는 치열한 생명력을 향해 존재의 의지를 피력한다. 그러한 의지 속에서 어제의 나는 오늘의 내가 될 수 있었다.

삶도 죽음도 견디지 말자

그렇다고 해서 삶의 의지를 죽음으로부터의 도피라고 간주할 필요는 없을 듯하다. 모든 삶은 죽음이라는 뒷면과 불가피하게 접착되어 있다. 삶과 죽음은 빛과 어둠처럼 서로를 배경으로 할 때 선명해지는 법이다. 따라서 살아야겠다는 의지가 강할수록 죽음 충동도 맹렬한 불꽃으로 피어오른다. 그럴 때 삶을 향한 의지는 대체로 사랑이라는 가면을 쓰게 된다.

> 사랑을 시작할 때면 나도 매끈한 대나무 같았다
> 뼈의 뼈 사이를 통과하는 통증이 잦아들 때
> 무참히 내 사랑을 찌르고 있었던 건 무딘 가시였다
>
> 아무도 잡아주지 않는 분노를 벼려
> 뾰족한 가시를 밀어 올렸고
> 자주 나를 찔렀다
> 꽃잎은 철없이 너그러워지는 날이 많았다

그 꽃잎 지키고 싶어 담장에 기대어 보고
울타리에 골똘히 턱을 고이기도 했다
전봇대를 칭칭 감아 목을 조르는 척도 했다
같이 죽자고,
같이 살자고,

그럼에도 너는 혼자 꽃을 피우는 날이 많았고
그다음 날이면 툭툭 떨어진 꽃잎마다
붉게 쪼개진 햇살이 죽음처럼 쏟아져 내렸다

그리운 쪽에서부터
치명적인 가시 하나가 생명처럼 돋고 있었다
—「아름다운 뻔뻔」 전문

  사랑은 참으로 난해한 기의다. 사랑은 시시각각 정체를 달리하기 때문에 그것을 드러내는 기표도 제각각일 수밖에 없다. 그런데 사랑처럼 매 순간 표정과 감정을 다르게 분출하는 게 있다. '삶'이 그렇다. 사랑과 삶, 공교롭게도 둘은 서로의 뒷면처럼 밀착하게 보인다. 사랑이 삶의 뒷면인가 하면, 이번에는 삶이 사랑을 뒷받침하는 것처럼 보인다. 그러므로 인용하고 있는 시에서 '사랑'을 '삶'으로 바꿔도 이 시에는 흠결이 생기지 않는다. 그것을 저 3연의 두 행이 강력하게 증명한다.

"같이 죽자고,/같이 살자고,"라는 이율배반적 언표야말로 사랑을 삶으로 바꿔 부를 수 있는 근거가 된다. 사랑하므로 같이 죽을 수 있고, 같이 죽을 수 있어서 오히려 같이 살고 싶은 의지를 불태울 수 있으니까.

따라서 「아름다운 뻔뻔」은 사랑에 관한 시가 아니라 삶을 위한 시로 읽어야 한다. 분노의 '가시'가 "자주 나를 찔"러대는 이유는 우리 삶의 뒷면마다 "설익은 눈빛들이 지리멸렬하게 흔들"(「적도에서 온 버스」)리기 때문이다. 삶의 뒷면이 지리멸렬한 건 삶의 전면에 "햇살이 죽음처럼 쏟아져 내"린다는 뜻이다. 그렇다면 이 시는 삶이 아니라 죽음을 향한 시가 될 것이다. 하지만 장서영 시인은 지리멸렬해지는 존재를 갱신하는 방식으로 "뾰족한 가시를 밀어 올"려 "자주 나를 찔렀다". 이러한 각성은 "그리운 쪽에서부터/치명적인 가시 하나가 생명처럼 돋"는 것과 무관하지 않다. 여기서 '그리운 쪽'은, 짐작했겠지만, 덧칠되어버린 인생의 뒷면에 해당한다. 그 뒷면에서 오늘의 삶을 향해 생명의 가시가 돋아난다.

펄펄 끓던 물이 내 몸을 덮쳤다.

참는 것에 익숙해진 세월이 서러웠다.

그립고 익숙한 것들이 오른쪽 날갯죽지를 쓰나미처럼

핥고 지나갔다.

아리고 쓰라린 물집이 구름처럼 생겼다.

부풀어 오른 자리에 터질 듯 고여 있는 슬픔

이건, 하나의 경고다.

그리워하지 말 것, 견디지 말 것, 아파하지 말 것

그래야 새살이 돋아날 것이라는 충고다.
—「뜨거운 충고」 전문

앞서 분노의 '가시'가 각성의 계기를 마련했다면, 마찬가지로 이 시에서는 "펄펄 끓던 물이 내 몸을 덮"치는 순간을 포착하고 있다. 우리는 이렇게 일상이 무너지는 찰나에 "익숙한 것들"이 "쓰나미처럼 핥고 지나"가는 걸 발견한다. 여기서 장서영 시인은 익숙한 것에 대해 이렇게 말한다. "참는 것에 익숙해진 세월이 서러웠다"고. 그렇다면 서러웠던 순간들이야말로 삶의 "아리고 쓰라린 물집"이 아니었을까? 따라서 삶은 "터질 듯 고여 있는 슬픔"의 방식으로 우리에게 "경고"하고 "충고"한다. 그리워하지 말고, 견디지 말고, 아파하지 말라고.

물론 그러한 그리움과 견딤과 아픔이 우리 삶의 뒷면에 해당한다는 건 말하지 않아도 안다. 그렇다면 "말 것"이라는 다짐처럼, 삶의 뒷면과 결별할 때 "새살이 돋아날" 수 있다고 장서영 시인은 말하고 싶은 걸까?

아니다. 장서영 시인이 말하는 "참는 것에 익숙해진 세월"은 오히려 삶의 뒷면, 그러니까 그리움과 견딤과 아픔의 세월을 의도적으로 견뎌냈던 시간에 해당한다. 이를테면 삶의 뒷면이야말로 우리의 삶을 견고하게 밀어 올리는 생명과 창조의 근원이라는 사실을 그동안 애써 외면했던 것이었다. 하지만 더는 견디지 말자고 다짐한다. 그리워하지 말자고, 아파하지도 말자고 다짐한다. 그럼으로써 장서영 시인은 우리의 표정을 만들어내는 삶의 뒷면과 정면으로 마주하고자 한다.

존재의 슬픈 얼룩들

다시 말하지만, '나'의 존재를 증명하려면 나를 전면화하고 있는 뒷면, 즉 나의 '기원'을 입증할 수 있어야 한다. 기원은 모든 생명을 탄생시키는 곳이면서 모든 생명이 최종적으로 환원되는 곳이다. 그러므로 기원은 유일해야 한다. 장서영 시인에게 기원이 되는 세계는 아버지처럼 보인다. 물론 "한 번도 피지 못한 엄마의 숨, 꽃/꽃을 훔친 건 유전이었다"(「꽃 도둑」)라고 한 것이나, "차마 감을 수 없는 눈/어머니의 바다가 뼈 없는 공중을 짚고 일어선다//(…중략…)/저렇게 몸부림으로 지키고 싶은 삶이 있을 것이다"(「그 속은 어땠을까」)처럼 어머니에 관한 빼어난 시도 있다. 하지만 시집 『눈꺼풀 사이로 빠져나가는 저녁처럼』을 읽다 보면 "구불구불 꼬리를 물고 아버지의 핏줄이 울퉁불퉁 말려 나"(「붉은 지네」)오는 순간과 자주 마주치게 된다. 이것이 "내 아버지의 고독한 골짜기/아버지 등에서 봄을 뽑는 아직 나는 애벌레"(「아버지 난닝구에는 배추벌레가 산다」)라고 장서영 시인이 말하는 이유일 것이다.

    으르렁 울컥거렸다
    물집처럼 부푼 등짝
    집 안 가득 우렁찬 울음을 둥글린다
    찢어진 살갗을 먹는 구름 솜은 뻐딱하다
    모래 진물이 터져 엉겨 붙은 사지가
    서로를 부둥켜안고 깍지를 낀다
    악착같이 물어뜯는 허기
    껍질의 야문 자맥질
    바다를 우려낸 퉁퉁 불은 젖을 물린다
    수평의 목젖을 찾느라 돈다
    구른다, 벽에 머리를 찧는다
    가래 끓는 아버지같이 윙윙 쌕쌕
    뼈와 뼈가 부딪쳐 앙다문

빳빳한 청바지가 다시 목을 조른다

씨줄 날줄 고단한 바늘땀이 수분을 날리면

목이 컥 멘다

여린 거죽들이 아버지의 해진 품으로 파고든다

살아온 날들을 맑게 헹궈 습기를 짠다

7분을 설정한다

치열한 회오리가 바지를 걸어붙인다

엉덩이는 때리지 않아도 스스로

도는 길을 선택한다

여태 끊어내지 못한 탯줄을 자르면

빨랫줄에 거꾸로 매달려 이내 헛바닥을 떨군다

―「자전의 내력」 전문

이 시는 표면적으로 옷을 세탁하는 과정으로 읽힌다. 옷을 세탁하는 이유는 얼룩 같은 게 묻어 더럽혀졌기 때문이다. 그럴 때 얼룩은 삶의 생생한 기록에 해당한다. 성실하게 하루를 살아낸 사람은 몸 어딘가에는 영광처럼 반드시 얼룩을 새긴다. 그러니까 얼룩은 얼룩을 만들어낸 순간에 자기의 삶이 거기 있었다는 징표다. 우리는 매일 이 얼룩을 만들고 또 지워낸다. 가령 장서영 시인이 "가끔 아버지를 꺼내/방지턱 없는 슬픔처럼/울음을 삭히는 날이 있을 것이다"(「슬픔은 방지턱이 없다」)라고 했을 때, '방지턱 없는 슬픔' 같은 게 존재의 얼룩에 해당한다. 따라서 이 시는 삶이라는 옷을 입고 살아가는 존재를 재생해내는 이야기로 읽을 수 있다.

마찬가지로 장서영 시인이 끊어내고자 하는 '탯줄'도 씻어내야 할 존재의 얼룩에 해당한다. 탯줄은 한때 우리가 치열하게 살아 있었다는 걸 증명하는 존재의 얼룩이다. 탯줄을 얼룩에 비유하는 건 탯줄을 단 채로 오늘을 살아갈 수 없다는 점에서 그렇다. 따라서 탯줄은 "살아온 날들을 맑게 헹궈" 짜내야 하는 존재의 얼룩이 되기에 충분하다. 장서영 시인에게는 '아버지'가 탯줄 같은 존재에 해당한다.

   아버지가 이사를 했다

   마당에는
   아버지가 캐다 심은 너도 샤프란이 목을 늘이고
   엄마와 흔들 그네를 타는 아버지의 눈은 온통 분홍이 날린다
   아버지가 좋아하는 담배와 커피가
   은빛 스포츠카가 엑셀을 밟는다

   납작한 유리의 방
   아버지 얼굴을 하염없이 닦던 날
   열어 놓은 중정으로 새가 떨어졌다

아버지의 마지막 눈물이 귓가를 타고 흘러내리듯
유리를 두드리며 지나가는 소리가
쿵 소리를 냈다

발목을 자르고 소리를 지우고 기어가
새에게 무릎을 꿇었다
아버지 숨이 손바닥에서 뜨거워졌다
얇은 숨이 가르랑거리고

바스락거리던 새가 손 우물을 벗어나 높이 날아갔다
—「쿵」전문

  이 시는 삶이 어떻게 존재의 얼룩을 지워내는지를 밀도 있게 보여준다. 생이 다한 존재는 자르고, 지우고, 뜨거워지고, 가르랑거리다가, 마지막으로 삶에서 벗어나 높이 날아가 버린다. 물론 이보다 더 정확하게 삶이 소멸해가는 방식이 어딘가에는 있을 것이다. 하지만 「쿵」에서 보여주는 방식보다 삶을 존중하고 숨을 모시는 소멸을 우리는 알지 못한다. 그건 이 시가 '아버지'에 관해 이야기하고 있기 때문이다. 아버지라는 존재는 모든 생명체에게 기원이자 환원의 상징이다. 그걸 남성성/여성성이라는 이분법으로 접근할 필요는 없다. 대신 상징은 언제나 해체되고 소멸하기 위해 존재한다는 걸 인정하면 된다. 아버지를 포함하여 모든 상징은 이후에 나타나는 존재 상징에 의해 말끔히 지워진다. 이 시에서처럼 상징으로서의 '새'는 삶이라는 '우물' 너머로 사라질 수밖에 없는 것이다.

　장서영 시인의 시는 이렇게 소멸해가는 상징적 존재에 관해 이야기한다. 그럴 때 장서영 시인은 김춘수 시인이 말한 시안(詩眼)을 가진 것 같다. "시에는 눈이 있다./언제나 이쪽은 보지 않고 저쪽/보이지 않는 그쪽만 본다."(김춘수, 「시안」)라는 김춘수 시인의 말처럼, 장서영 시인의 시는 눈에 쉽게 드러나지 않는 존재의 얼룩을 향해 있다. 장서영 시인이 바라보는 그곳, 그러니까 '보이지 않는 그쪽'에 "내 시를 사랑하는 사람이 있"기 때문이다. 그 사람은 "나보다 나를 더 사랑하는 사람"이면서 "나를 중심으로 자전할 거라 믿는 사람"(「미안한 사람」)이다. 이렇게 '보이지 않는 그쪽'이 장서영 시인이 말하는 '그리운 쪽'일 것이다.

　시집 『눈꺼풀 사이로 빠져나가는 저녁처럼』은 '그리운 쪽' 사람들의 이야기이면서, 그리워하는 사람들을 위한 이야기이다. 그러므로 이제는 우리가 서로의 뒷면이 되어 자전할 수 있어야 한다. 시가 삶의 뒷면이 되고, 삶이 시의 뒷면이 되는 그런 삶을 살아갈 때, 우리는 오늘을 사는 존재의 얼룩을 사랑할 수 있을 테니까.

문학의전당 시인선 365

눈꺼풀 사이로 빠져나가는 저녁처럼
ⓒ 장서영

초판 1쇄 인쇄   2023년 8월 18일
초판 1쇄 발행   2023년 8월 25일
      지은이   장서영
      펴낸이   고영
      디자인   헤이존
      펴낸곳   문학의전당
    출판등록   제448-251002012000043호
        주소   충북 단양군 적성면 도곡파랑로 178
        전화   043-421-1977
    전자우편   sbpoem@naver.com

  ISBN   979-11-5896-605-8   03810

*이 책의 판권은 지은이와 문학의전당에 있습니다.
*양측의 서면 동의 없는 무단 전재 및 복제를 금합니다.
*잘못 만들어진 책은 바꿔드립니다.
*이 시집은 2023년 충청남도, 충남문화재단의 후원을 받아 발간되었습니다.